LE

JUNIUS FRANÇAIS.

LETTRES

SUR

LES AFFAIRES DE LA FRANCE.

Amicus Plato, sed magis amica veritas.

PARIS,

CHEZ J. BRÉAUTÉ, LIBRAIRE,

PASSAGE CHOISEUL, Nᵒˢ 60 et 62,

EN FACE DU THÉATRE-COMTE.

1829.

DE L'IMPRIMERIE DE GUIRAUDET,

RUE SAINT-HONORÉ, N° 315.

PREMIÈRE LETTRE.

A M. LE PRINCE DE POLIGNAC,

MINISTRE DES AFFAIRES ÉTRANGÈRES.

> Les partis ne rétrogradent jamais ; ils marquent
> le pas, en attendant le signal qui doit les faire
> avancer de nouveau.
>
> *Courrier Français* du 6 août 1829.

LE
JUNIUS FRANÇAIS.

PREMIÈRE LETTRE.

A M. LE PRINCE DE POLIGNAC,

MINISTRE DES AFFAIRES ÉTRANGÈRES.

DU POUVOIR CONSTITUANT, DE L'ARTICLE 14 DE LA CHARTE, ET DE QUELQUES AUTRES QUESTIONS CONSTITUTIONNELLES A L'ORDRE DU JOUR.

SOMMAIRE.

Deux principes se partagent la France. Leurs fortunes diverses de 1814 à 1829. — De l'article 14 de la charte. — Des coups d'état et de leurs conséquences. — Du pouvoir constituant ; où réside-t-il ? — De quelle manière et en quelles formes peut-on procéder à une révision de la charte ? — Quelles sont les matières à révision dans l'intérêt des deux partis ? — La conciliation de ces intérêts est-elle possible ? — Cette révision est-elle opportune ? — Conclusion.

MONSIEUR,

A tort ou à raison, la France constitution-nelle vous suppose le dessein depuis long-temps formé de renverser ses institutions, et de les remplacer par des formes plus monarchiques. Cette opinion, les constitutionnels la fondent sur la répugnance que vous avez depuis long-temps manifestée contre le pacte dépositaire de nos garanties publiques. Votre refus de jurer la charte, lorsqu'à ce serment se rattachait pour vous le privilége de la pairie, fortifie encore à cet égard la défiance publique. Cependant la volonté du monarque vous a appelé au pouvoir, et nous voyons aujourd'hui la garde de nos institutions confiée à celui qui a long-temps dédaigné de leur jurer obéissance.

Je ne partage point, Monsieur, les défiances publiques à votre égard. J'ai trop bonne opinion de votre bon sens pour penser que vous ayez sérieusement pu concevoir la folle espérance d'anéantir en un jour cette charte qu'une possession de quinze années a profondément enracinée dans le sol français.

En preuve de la bonne opinion que j'ai de vous sous ce rapport, c'est à vous que je prends la liberté d'adresser la première partie de mes réflexions sur les affaires de la France. Dans cette lettre, qui sera suivie sans doute d'un grand nombre d'autres, dont votre administration ou celle de vos successeurs (car vous aurez aussi des successeurs) me fournira la matière, vous remarquerez des idées qui probablement diffèrent des vôtres, mais exposées avec franchise, et dont vous pouvez faire votre profit. Sans autre préambule, permettez-moi, Monsieur, d'entrer en matière. Le sujet que je traite dans cette lettre n'est peut-être pas indigne de votre attention. Vous pourrez lire ici ce que vos flatteurs ne vous diront jamais ; et, dans le haut poste que vous occupez, ma franchise peut vous être utile.

Deux opinions se partagent la France. La charte ne remplit les vœux ni de l'une ni de l'autre. L'opinion monarchique ne veut de la charte que le principe monarchique qu'elle contient. L'opinion opposée ne veut y voir que le principe démocratique. La vérité n'est ni dans l'une ni dans l'autre de ces exigences. La vérité est que le principe monarchique et le principe démocratique sont tous les deux contenus dans la charte, avec des parts inégales peut-être, mais distinctes.

Depuis l'octroiement de la charte, en 1814, les deux parties se sont appliqués tour à tour, l'un à la monarchiser, l'autre à la démocratiser.

Les événements de 1815 ayant donné l'ascendant au parti monarchique, la chambre des députés de cette époque, justement qualifiée d'*introuvable*, se mit à l'œuvre ; et si l'ordonnance du 5 septembre 1816 ne l'eût arrêtée dans sa marche rétrograde, elle allait confisquer la charte au profit du principe monarchique.

Une tendance toute contraire signala les sessions mémorables de 1817, 1818, 1819. Cette tendance s'arrêta en 1820.

Le principe monarchique reprit de nouveau l'ascendant ; il l'a conservé pendant sept années consécutives, et ces sept années ont été mises à profit par le parti absolutiste avec un zèle, une persévérance, qui eussent fini par compromettre l'existence même de nos institutions, si une réaction démocratique n'eût eu lieu, et n'eût subitement arrêté cette tendance ultra-monarchique.

Un changement de système se manifesta en 1827 : on revint alors à la marche qu'avait imprimée l'ordonnance du 5 septembre 1816.

Le principe démocratique commença à se développer, et à reconquérir peu à peu le terrain que sept années monarchiques lui avaient fait perdre.

Deux conquêtes importantes signalèrent ce retour au principe démocratique : la suspension facultative de la liberté de la presse fut arrachée aux mains du pouvoir, et les élections furent mises à l'abri de la fraude. Les libertés municipales allaient compléter le triomphe de l'élément démocratique, quand tout à coup le pouvoir, craignant pour sa sûreté, ou cédant peut-être aux alarmes de la cour, retira aux communes le bienfait qu'il leur avait offert, et tout fit présager dès lors un changement de direction.

La session à peine close, ce changement s'est effectué ; un ministère indécis, mais dont la majorité était démocratique, a fait place à un ministère qui représente aussi fidèlement que possible la contre-révolution de 1815.

Je ne m'occuperai pas des noms propres.

Les choses vont seules m'occuper. Que m'importent en effet les questions de personne ? Dans l'époque actuelle, les hommes ne sont quelque chose qu'autant qu'ils représentent des opinions, des intérêts positifs. Hors de ces opinions, de ces intérêts, ils ne sont rien.

Vous le savez, Monsieur, des alarmes se sont répandues de toutes parts à l'avénement des nou-

veaux ministres. L'opinion publique a paru crain-
dre qu'ils n'essayassent de porter un coup mortel
à nos institutions. Les mots de *gouvernement par
ordonnance*, de *coups d'état*, ont été prononcés.
Rien n'est à négliger dans ces graves occurences.
Il est bon de savoir à quoi s'en tenir sur des
menaces qui ne se réaliseront sans doute pas ,
mais qui soulèvent des questions vitales et sur
lesquelles il importe d'appeler les lumières d'une
discussion publique.

On a prétendu voir dans *l'article* 14 l'autori-
sation facultative des *coups d'état*, et un moyen
légal de suspendre nos garanties constitutionnelles.

D'autres , renonçant à prendre dans la charte
même des armes pour la détruire, ont élevé des
prétentions d'une nature non moins alarmante.
Ils ont parlé d'un *pouvoir constituant*, et ils
en ont appelé à ce pouvoir , pour octroyer un
article additionnel à la charte. Ces deux prétentions sont graves ; je les examinerai successive-
ment , et avec cette impartialité dont le publiciste de bonne foi doit toujours se faire un devoir : car la tâche du publiciste est de calmer
les passions, non de les soulever. Ce que la mul-
titude discute avec emportement et violence ,

il le soumet à l'épreuve d'une discussion sage
et impassible.

Tros Tyriusve mihi nullo discrimine habetur.

Charte constitutionnelle, art. 14. « Le roi.....
« fait les règlements et ordonnances nécessaires
« pour l'exécution des lois et la sûreté de l'état. »

Qu'est-ce qu'un règlement et une ordonnance ?

Ce sont des actes du pouvoir exécutif qui
dérivent des lois, et servent à les faire exécuter.

Qu'est-ce qu'une loi ?

La charte répond :

Art. 16. « Le roi la propose. »

Art. 18. « Elle doit être discutée et votée
« librement par la majorité de chacune des deux
« chambres. »

Art. 22. « Le roi la sanctionne et la pro-
« mulgue. »

Il résulte de tout ceci que le pouvoir exécutif
fait les règlements et ordonnances, mais que le
pouvoir législatif seul fait les lois. Or qu'est-ce
que le pouvoir législatif ?

La charte répond :

Art. 15. « La puissance législative s'exerce col-
« lectivement par le roi, la chambre des pairs,
« et la chambre des députés des départements. »

Une ordonnance peut-elle faire ce qu'une loi seule peut faire? en d'autres termes, le pouvoir exécutif peut-il faire ce que la puissance législative seule peut faire ?

Ainsi, une ordonnance peut-elle faire la loi , changer la loi , ajouter à la loi ?

Dès lors l'ordonnance deviendrait loi.

Une loi qui, conformément à l'article 18, n'a pas été discutée et votée librement par la majorité de chacune des deux chambres , une loi qui n'a été discutée et votée que par des ministres, est-elle une loi selon la charte et le bon sens ?

Si ce n'est point une loi , qui peut être tenu d'y obéir comme à une loi ?

Mais le roi ne fait pas seulement les règlements et ordonnances nécessaires pour l'exécution des lois, il fait aussi *les règlements et ordonnances nécessaires pour la sûreté de l'état.*

Voyons , examinons cette grande question.

Que doit-on entendre par ces mots, *sûreté de l'état ?* Qu'est-ce que l'état ? est-ce le roi ? est-ce la chambre des pairs ? est-ce la chambre des députés ? Aucun des trois en particulier, mais tous les trois réunis : c'est le roi , en sa double qualité de pouvoir exécutif et de pouvoir législatif.

latif; ce sont les chambres, en leur qualité de puissance législative. Et les ministres? Ils ne sont point l'état; ils ne sont que des sujets du roi, appelés par lui à de hautes et éminentes fonctions. Ils ne constituent point un pouvoir. Ils sont là pour exécuter la volonté du pouvoir exécutif et du pouvoir législatif, et pour répondre sur leur tête de cette exécution. Mais cette responsabilité même les constitue pouvoirs de l'état? Alors il faudra en dire autant du garde champêtre, car lui aussi exerce un pouvoir, et assume une responsabilité. La sûreté de l'état est compromise quand les attributions constitutionnelles des pouvoirs de l'état sont menacées. Or, du moment où, sous prétexte de veiller à sa propre sûreté, l'un de ces pouvoirs attente aux priviléges des deux autres, dès lors il y a anarchie.

Il y a anarchie quand le pouvoir exécutif se substitue au pouvoir législatif; c'est une usurpation de pouvoir. Il y aurait encore anarchie si la puissance législative se substituait à la puissance exécutive. Dès lors la sûreté de l'état serait compromise par le pouvoir usurpateur.

Ainsi le roi fait des règlements et ordonnances pour la sûreté de l'état, *mais toujours en se con-*

formant aux lois : car, sans cela , le prétexte de la sûreté de l'état pouvant toujours être allégué, les pouvois constitutionnels créés par la charte ne sont plus rien s'ils peuvent être anéantis par une ordonnance et confisqués au profit du pouvoir exécutif. Le bon plaisir fait seul dès lors la loi suprême. Or la charte n'a été octroyée que pour remplacer le bon plaisir par la légalité.

Reste la ressource des *coups d'état ;* mais cette arme est dangereuse , elle peut blesser la main qui l'emploie. Elle offre les inconvénients suivants :

D'abord elle ne peut être que provisoire , et elle expose les ministres au péril d'une accusation à la prochaine réunion des chambres : or cette réunion ne peut s'ajourner.

Article 5o. « Le roi convoque chaque an-
« née les deux chambres ; il les proroge, et peut
« dissoudre celle des députés des départements ;
« mais , dans ce cas , il doit en convoquer une
« nouvelle dans le délai de trois mois. »

Cet article est tellement positif qu'il semble impossible d'en éluder l'exécution.

Supposons cependant que le pouvoir passe outre, et ne convoque point les chambres : alors s'élève la question des impôts, question si grave qu'à elle seule elle efface toutes les autres.

D'une part l'art. 48 dit :

« Aucun impôt ne peut être établi ni perçu « s'il n'a été consenti par les deux chambres et « sanctionné par le roi. »

La loi de finances renouvelle formellement chaque année cette défense, et ajoute des dispositions pour poursuivre les contraventions. Enfin, voici l'art. 49 : « L'impôt foncier n'est « consenti que pour un an. »

Voilà donc la convocation annuelle des chambres doublement obligatoire. Où est la possibilité de se soustraire à cette double obligation? Quel percepteur consentira à prêter son intervention à la perception d'impôts déclarés illégaux par le pacte fondamental ?

Quel procureur du roi voudra ordonner la saisie ?

Quels agents du gouvernement oseront la faire exécuter ?

Quel enchérisseur osera se présenter aux enchères?

A-t-on calculé tout ce qu'il y a de force dans la résistance d'inertie ? Quels soldats français prêteront leur ministère à des mesures compulsatoires? On l'a dit, *la force n'est plus aveugle, et les baïonnettes sont intelligentes.*

Abandonnons donc d'absurdes suppositions, qui ne sont d'accord ni avec le respect et l'amour que nous devons au monarque qui nous gouverne , ni avec les notions les plus communes de bon sens et de prudence, qu'il est impossible au ministère le plus passionné d'oublier entièrement.

Une autre hypothèse se présente, hypothèse plus raisonnable qu'aucune de celles que je viens d'énumérer : c'est celles de modifications à faire subir au pacte constitutionnel , afin de corriger ce qu'il peut contenir de dangereux à l'existence et au développement du principe monarchique.

Soyons justes, ces modifications, ce n'est point le parti monarchique seul qui les réclame. Il est une vérité qu'il est impossible de ne pas admettre : c'est que la charte de 1814 ne satisfait aucun des deux partis qui partagent la France; c'est que tous deux forment des vœux secrets ou patents pour une révision de ce pacte fondamental.

Ont-ils raison ? ont-ils tort ? J'examinerai plus tard cette question.

Mais ici une importante question préjudicielle intervient.

Au profit de qui ? par qui ? et en quelles formes doit s'effectuer cette révision ?

Est-ce au roi ? est-ce aux c hambres? est-ce au peuple, qu'appartient cette haute initiative ? ou n'appartient-elle qu'à leur concours simultané ?

Sur ces graves questions la charte se tait ; elle n'a point prévu le cas d'une révision ; et, avouons-le, cet oubli est une funeste lacune : car on ne peut imposer, à tout jamais, à un peuple , des institutions quelconques, et lui enlever la faculté d'y faire les modifications que de nouveaux besoins, de nouvelles lumières, peuvent avoir rendues nécessaires. La question de convenance et d'opportunité est d'une tout autre nature.

Je vais aborder ces questions. Je le ferai librement et avec franchise. Je dirai ce que je crois être la vérité , mais sans l'imposer à qui que ce soit comme un joug , pas plus à vous , Monsieur , qu'au plus humble citoyen.

Les questions que je vais aborder ne sont résolues par aucune loi antérieure. Je ne sache pas qu'aucun publiciste les ait encore traitées.

Je serai donc excusable de me tromper dans des matières sur lesquelles je ne puis apporter que mes lumières individuelles, nécessairement faibles et limitées.

Mon intention n'est point de traiter ici la question du pouvoir constituant dans un sens absolu, mais seulement dans le sens relatif à nos institutions, telles que la charte les a constituées. Que servirait en effet de remonter à l'origine des sociétés pour y rechercher la trace du contrat primitif qui a lié les peuples aux souverains ? Si, à chaque question constitutionnelle qui se présente, il fallait remonter ainsi aux premiers éléments de la société, il y aurait péril pour la société elle-même. Toutes les sociétés actuelles sont fondées sur des bases plus ou moins fictives. Faut-il pour cela bouleverser les nations, afin de les rasseoir sur des bases plus rationnelles et plus conformes à la justice universelle ? Pour ne parler que de notre France, serait-il juste de mettre en question l'origine des propriétés, qui, presque toutes, sont nées du droit de conquête ? Serait-il juste, comme un écrivain a essayé de le faire il y a quelques années, de diviser arbitrairement et rigoureusement la nation française en Francs et en Gaulois ?

Dans la question grecque, on a eu tort de vouloir fonder le droit de l'insurrection des Hellènes sur l'usurpation turque de 1453. Ce n'est pas parce que les Grecs ont été dépossédés par les Turcs en 1453 que la cause de l'insurrection grecque est une cause juste : c'est parce que l'usurpation turque n'a point fait à la nation conquise une destinée conforme aux droits de l'humanité, droits qu'aucune prescription ne peut invalider, droits dont la violation sera toujours un motif suffisant d'insurrection.

Ainsi, par pouvoir constituant je n'entends point désigner la source de toute souveraineté, la majorité ou le peuple. Si j'avais à discuter ce point dans un traité sur la matière, peut-être est-ce là qu'en définitive je placerais la puissance constitutive ; mais je parle ici devant des faits ; ces faits existent ; je ne puis en faire abstraction ; c'est à ces faits que se rattache tout notre état social : je veux parler de la charte. Devant ce fait, les doctrines doivent céder, les théories ne sont plus de mise. Laissons donc ces théories, et occupons-nous des faits.

La constitution de 1791 a proclamé le principe de la souveraineté du peuple. Cette proclamation n'a point empêché cette souveraineté d'être foulée aux pieds pendant tout le cours de notre révolution. L'empire a reconnu cette souveraineté; mais, tout en la reconnaissant, il lui a enlevé tout moyen de se manifester. La restauration est venue à son tour; et, partant de la souveraineté royale comme de la seule qu'elle voulût reconnaître, elle en a fait découler les institutions qu'elle nous a octroyées. Et, en effet, on lit dans le préambule de la charte :

« Nous avons considéré que, bien que l'auto-
« rité tout entière résidât en France dans la per-
« sonne du roi, nos prédécesseurs n'avaient point
« hésité à en modifier l'exercice, suivant la dif-
« férence des temps. »

Et plus bas :

« A ces causes, nous avons volontairement,
« et par le libre exercice de notre autorité
« royale, accordé et accordons, fait concession
« et octroi à nos sujets, tant pour nous que pour
« nos successeurs, et à toujours, de la charte
« constitutionnelle qui suit. »

Ainsi deux précédents sont établis en France relativement à la source de la souveraineté : le précédent de 1791, qui la place dans le peuple, et le précédent de 1814, qui la revendique pour la personne du roi. Quelques voix se sont élevées en 1814 pour repousser les prétentions de la royauté à la souveraineté ; mais le reste de la nation a senti que, dans des circonstances aussi graves que celles où se trouvait la France à cette époque, il ne fallait pas disputer à la royauté

Des vains honneurs du pas le frivole avantage.

Qu'eût en effet gagné la nation à se montrer susceptible sous ce rapport ? Peu de choses ; et ce débat, en présence de l'Europe en armes, eût pu avoir de funestes conséquences pour la cause des libertés publiques.

La charte elle-même ne fût point soumise à l'acceptation du peuple. Elle répondait aux besoins de la France : que fallait-il de plus ?

Je ne me montrerai pas plus susceptible qu'une grande nation. Je partirai donc de la charte, comme de la seule source légale et légitime, et je chercherai dans ce pacte auguste les éléments du pouvoir constituant.

La charte a partagé l'exercice de la souveraineté en trois portions distinctes.

Le roi, la chambre des pairs, la chambre des députés, en exercent chacun une.

Mais ces trois pouvoirs, de quel pouvoir con

stituant émanent-ils? Le roi n'émane que de lui-même : donc le roi est un des pouvoirs constituants. Il est donc tout à la fois pouvoir constituant et pouvoir constitué.

La chambre des pairs émane du roi.

La chambre des députés n'émane point d'elle-même ;

Elle n'émane point du roi ;

Elle n'émane point de la chambre des pairs.

De qui émane-t-elle donc? Du peuple, aurait répondu la constitution de 1791.

La charte répond : « Des colléges électo-« raux. »

Art. 35. « La chambre des députés sera com-« posée des députés élus par les colléges électo-« raux. »

Mais de quels éléments sont composés ces colléges électoraux? D'électeurs.

Qui sont les électeurs?

Art. 40. « Les électeurs qui concourent à la « nomination des députés ne peuvent avoir droit « de suffrage s'ils ne paient une contribution di-« recte de trois cents francs , et s'ils ont moins « de trente ans. »

Ainsi le pouvoir constituant de la chambre des députés se compose des Français ayant trente ans au moins et payant trois cents francs de contributions directes.

Car pour les électeurs à mille francs, appelés électeurs de départements, une loi émanée des trois pouvoirs a eu beau les rendre aptes à élire des députés, elle n'a pu les rendre aptes à exercer le pouvoir constituant. Pour trouver ce pouvoir constituant, la seule loi à consulter c'est la charte. Or la charte ne reconnaît pas deux sortes d'électeurs.

Elle reconnaît pour électeur quiconque paie trois cents francs de contribution et est âgé de trente ans. Par cela seul qu'elle ne fait aucune exception, elle ne permet point d'en faire : car toute exception aux conditions établies par la charte ne saurait être qu'une dérogation à la loi fondamentale. Or, si cette dérogation n'a pas été prévue, elle ne saurait être légale.

Je pense qu'il est inutile d'insister sur l'incompétence de la chambre des députés comme pouvoir constituant.

Cette chambre n'est nommée que pour un certain espace de temps. Partie intégrante de la constitution, sa mission est de faire marcher cette constitution, non de la changer; elle a au-dessus d'elle un pouvoir supérieur duquel elle émane : les colléges électoraux, qui constituent évidemment une portion du pouvoir constituant.

C'est à juste titre que je refuse à la chambre des pairs la qualification de pouvoir constituant. En effet, non seulement elle émane du roi pour sa création première, mais elle voit les éléments de sa majorité incessamment soumis à l'action immédiate de la royauté.

Art. 27. « La nomination des pairs de France « appartient au roi. Leur nombre est illi- « mité. »

On ne peut donc pas dire que la chambre des pairs ne dépende que d'elle-même, puisque sa majorité peut incessamment être modifiée par un acte de la volonté royale.

Or cette dépendance, cette subjection, ne saurait appartenir à une portion du pouvoir constituant, pouvoir essentiellement libre, et qui ne doit reconnaître aucune autorité supérieure à la sienne.

Il résulte de ce que nous venons de dire que, s'il y a trois pouvoirs constitués,

Le roi, la chambre des pairs, la chambre des députés,

Il n'y a que deux pouvoirs constituants,

Le roi,

Les colléges électoraux.

A ces deux pouvoirs devra donc appartenir l'initiative, ainsi que la sanction ou le rejet, de toute modification au pacte constitutionnel. Voyons maintenant comment on devra procéder à ces modifications.

Il est évident que ni la chambre des pairs ni la chambre des députés ne peuvent ni ne doivent avoir l'initiative en matière constituante,

1° Parce que ni l'une ni l'autre de ces deux chambres ne forme partie intégrante du pouvoir constituant;

2° Parce qu'elles n'ont pas même l'initiative en matière législative.

Art. 19. « Les chambres ont la faculté de « supplier le roi de proposer une loi sur quel- « que objet que ce soit, et d'indiquer ce qu'il « leur paraît convenable que la loi contienne. »

D'autre part, au roi seul appartient le droit de proposer la loi.

Art. 16. « Le roi seul propose la loi. »

Or ce droit d'initiative que les chambres n'ont pas en matière législative, comment le leur supposer en matière constituante? L'initiative en matière constituante ne peut appartenir qu'aux pouvoirs constituants eux-mêmes, c'est-à-dire au roi et aux colléges électoraux.

Le roi l'exerce en la forme prescrite par la charte pour les matières législatives ordinaires.

Art. 17. « La proposition est portée, au gré « du roi, à la chambre des pairs ou à celle des « députés. »

Ici une objection s'élève : « Quoi ! vous ne « reconnaissez pas aux chambres la faculté con- « stituante, et vous les appelez à délibérer sur « des matières constituantes ! »

Je réponds :

Le roi ni les colléges électoraux ne délibèrent point ; ils sanctionnent ou rejettent ce que les chambres ont délibéré sur leur proposition en matière constituante. Mais alors une condition essentielle doit être remplie : c'est le renouvellement de la chambre des députés. Comme il s'agit entre le roi et les colléges électoraux d'une révision d'un ou plusieurs articles du pacte fondamental, les colléges doivent être appelés à nommer des députés *ad hoc :* car les pouvoirs des anciens députés, suffisants pour les actes législatifs, ne le sont plus pour des actes constituants. De son côté, le roi doit pouvoir user de la faculté que lui accorde l'article 27, et faire à la chambre des pairs des promotions nouvelles, afin de la mettre en harmonie avec la volonté royale sur les importantes questions qu'elle va être appelée à discuter : car, de même que les colléges ont dans la chambre des députés un conseil chargé de représenter leur opinion et leur vœu, de même il est juste que le roi trouve dans la chambre des pairs un semblable secours.

La charte a voulu que le pouvoir royal fût représenté par la chambre des pairs, et en conséquence, c'est du roi qu'elle a fait émaner cette chambre.

Elle a voulu aussi que la chambre des députés représentât les colléges électoraux, et à cet effet elle leur a assigné la nomination de cette chambre.

Plus on examine la charte, plus on se convainct qu'elle a voulu établir la pondération de ces deux grands pouvoirs : le roi, les colléges électoraux. Elle a restreint à ces colléges la souveraineté nationale. Est-ce à tort? est-ce à raison? Débat superflu, et qui ne peut être engagé sans péril, puisqu'il remet en question notre état social tout entier. La charte, dans sa prudence, a voulu éviter la collision de ces deux grands pouvoirs souverains, et, en conséquence, elle

leur a interdit toute communication directe; elle
leur a assigné pour intermédiaires deux chambres distinctes, qu'elle a chargées d'exprimer les
vœux respectifs du pouvoir dont elles émanent.
Quant à ceux qui m'accuseraient ici d'oublier
un troisième pouvoir, le pouvoir aristocratique,
je réponds que la charte et nos mœurs, telles que
la révolution les a faites, ne reconnaissent point
d'aristocratie.

Cette vérité est écrite dans l'article 71.

Art. 71. « La noblesse ancienne reprend ses
« titres, la nouvelle conserve les siens. Le roi
« fait des nobles à volonté; mais il ne leur as-
« corde que des rangs et des honneurs, sans au-
« cune exemption des charges et des devoirs de
« la société. »

Or qu'est-ce qu'une aristocratie sans priviléges? Notre aristocratie tout entière est dans
l'hérédité de la pairie. Or je crois avoir prouvé
que la pairie n'est point un corps indépendant,
puisque sa majorité peut être incessamment modifiée par le seul fait de la volonté royale. Le
rôle de la pairie se réduit donc à représenter la
royauté, comme la chambre des députés représente les colléges électoraux.

J'ai dit que l'initiative en matière constituante

appartenait au roi, en sa qualité de pouvoir constituant; elle appartient aussi, au même titre, aux colléges électoraux, qui l'exerceront de deux manières :

1° Par le mandat spécial qu'ils donneront aux députés, à l'époque des élections générales ;

2° Par des pétitions collectives qu'ils feront parvenir à la chambre des députés seulement, et dans lesquelles ils indiqueront ce qu'il leur paraît convenable que les modifications qu'ils proposent contiennent. Alors, la chambre des députés, dans une adresse au roi, le supplie de faire une proposition aux chambres, dans le sens de la demande des colléges électoraux.

Si le roi refuse, la proposition ne peut plus avoir de suite dans le cours de la session.

Si le roi accède à la proposition de la chambre, il l'annonce par un message ; il dissout la chambre, et en convoque une nouvelle. Il doit la dissoudre, car la chambre actuelle, n'ayant reçu qu'une mission législative, n'a point les pouvoirs nécessaires pour s'occuper de questions constitutives.

Quelque jeune que soit encore notre gouvernement constitutionnel, deux précédents contradictoires se sont déjà établis à cet égard.

Deux changements ont déjà été faits à la constitution de 1814.

Le premier eut lieu en 1820. Alors fut modifié l'article 4o , relatif à l'âge et au cens électoral. Les trois pouvoirs s'accordèrent pour créer une classe spéciale d'électeurs sous le nom d'électeurs de départements , en dehors de la masse des électeurs ordinaires , désignés sout le nom d'électeurs d'arrondissements. La nomination de députés additionnels fut attribuée au quart plus imposé des électeurs , et ce quart privilégié continua en outre de concourir à la nomination du reste des députés. Un double vote fut donc créé en faveur de la partie la plus imposée des électeurs. Or cette disposition toute constituante ne devait point être introduite dans les formes législatives ordinaires ; c'est cependant ce qui eut lieu , au grand étonnement de la nation , qui vit ainsi modifier par une loi un des articles fondamentaux de la charte constitutionnelle.

En 1823, le pacte fondamental subit une modification nouvelle.

L'article 37 porte

« Que les députés sont élus pour cinq ans , et « de manière que la chambre soit renouvelée cha-

« que année par cinquième. » Cet article était hautement favorable à l'opinion publique , qui était appelée ainsi chaque année à modifier graduellement et sans secousse brusque et violente la majorité parlementaire mise par ce moyen en harmonie permanente avec les intérêts et les besoins du pays.

Ce jugement du pays, rendu chaque année par l'envoi dans la chambre d'un nouveau cinquième, expression précise et fidèle de l'opinion actuelle de la nation, était l'une des dispositions les plus rationnelles, les plus constitutionnelles de notre pacte fondamental.

On substitua le renouvellement intégral au renouvellement partiel par cinquième , et on prolongea de deux années le mandat des députés, que la charte fixait à cinq ans. Ainsi fut établie la septennalité.

Mais, quelle que soit mon opinion sur cette mesure et sur le ministère qui la provoqua, la justice m'oblige à reconnaître que les formes constitutionnelles furent observées , du moins en partie , en cette grave circonstance.

Le ministère pensa justement que, dans une question toute constituante, la chambre actuelle, nommée dans un but tout législatif, n'avait point des pouvoirs suffisants. En conséquence, la chambre fut dissoute, et les colléges électoraux furent convoqués pour la nomination d'une chambre nouvelle.

En même temps, les électeurs furent avertis des changements qui allaient être proposés au pacte fondamental. La chambre nouvelle était donc compétente; et si elle a fait un mauvais emploi de sa compétence, si dans l'usage qu'elle a fait de ses pouvoirs elle n'a point suivi le vœu national, la faute en doit être attribuée uniquement aux modifications inconstitutionnelles qu'avait subies la loi qui présidait à sa composition.

Cependant poursuivons cette exposition de la marche à suivre en matière constituante, et redoublons d'attention, car le sujet est grave : il contient toute la destinée d'un grand peuple.

L'initiative, soit du roi, soit des colléges électoraux, s'est exercée.

La chambre des députés a été dissoute.

Une chambre nouvelle a été élue, avec un mandat constituant.

La chambre est convoquée. La session constituante vient de s'ouvrir.

La proposition royale est soumise d'abord à

la chambre des députés, si la proposition de révision provient originairement d'un vœu formel manifesté par les colléges électoraux.

Dans le cas où la proposition viendrait originairement du roi , c'est à la chambre des pairs que la présentation doit en être faite d'abord.

Ici n'est point applicable l'art. 17 :

« La proposition de la loi est portée, au gré
« du roi , à la chambre des pairs , ou à celle
« des députés, excepté la loi de l'impôt, qui
« doit être adressée d'abord à la chambre des
« députés. »

Pourquoi cette dérogation à l'art. 17?

Par un motif bien simple, c'est que, la chambre des députés n'étant, en matière constituante, que le conseil délibérant des colléges électoraux, et la chambre des pairs que le conseil délibérant de la couronne, toute proposition , soit de la couronne, soit des colléges, doit être soumise avant tout à leur conseil respectif. Ce n'est que revêtue de cette première sanction que la proposition de l'une des branches du pouvoir constituant doit être portée au conseil de l'autre branche de ce même pouvoir. Ainsi, que servirait à la chambre des députés, par exemple, de délibérer sur une proposition venant du roi, et qui, peut-être, ne serait point approuvée par la chambre des pairs, conseil naturel de la royauté ?

Voilà donc la marche logique et rationnelle que devra suivre toute proposition constituante.

Venant des colléges électoraux, elle passera :

A la délibération de la chambre des députés,

Puis à la délibération de la chambre des pairs,

Puis à la sanction des colléges électoraux,

Puis à la sanction du roi.

Venant du roi, elle passera :

A la délibération de la chambre des pairs,

Puis à la délibération de la chambre des députés,

Puis à la sanction des colléges électoraux,

Puis à la sanction du roi.

Dans tous les cas, la sanction du roi est, en matière constituante comme en matière législative, le complément indispensable.

Art. 22. « Le roi sanctionne et promulgue « les lois. »

Remarquez que toutes les précautions qu'indique la prudence ont été prises. La proposition a déjà reçu un premier assentiment de chacun des deux pouvoirs constituants. Il ne s'est plus agi que d'obtenir l'assentiment des conseils respectifs de ces deux pouvoirs. Mais comme la proposition originaire aura pu être amendée dans les deux conseils, et y subir d'importantes modifications, il est juste de recourir à une sanction nouvelle des pouvoirs constituants.

Ici, monsieur, vous élèverez sans doute contre le système que je présente une objection tirée de la charte, qui n'admet d'autre sanction que celle du roi, et vous vous étonnerez que je réclame en outre la sanction des colléges électoraux.

Mais n'oubliez pas qu'il s'agit ici de suppléer au silence de la charte, et qu'à défaut de ses paroles, il faut nécessairement interpréter son esprit.

Or, s'il est vrai, comme je crois l'avoir démontré, que la charte ait jeté les bases de deux pouvoirs constituants, si les colléges électoraux sont l'un de ces deux pouvoirs, vous ne pouvez vous refuser à lui accorder les mêmes garanties qu'au pouvoir royal.

La plus imposante de ces garanties, c'est la sanction.

Cette sanction ne saurait donc être contestée aux colléges électoraux, sans réduire à rien la portion de souveraineté constituante dont la charte les a investis.

Mais en quelles formes cette sanction des colléges électoraux devra - t - elle être obtenue ? Quant à la sanction royale , les formes en sont déjà établies par le pacte fondamental.

La portion constituante venant du roi a été adoptée par la chambre des pairs , délibérant dans.l'intérêt de la couronne.

Portée alors à la chambre des députés , délibérant dans l'intérêt des colléges , elle y a été également adoptée.

La modification constitutionnelle est envoyée alors à tous les colléges électoraux convoqués extraordinairement à cet effet. Chacun des électeurs est appelé à voter par oui ou par non son adoption ou son rejet. Ce vote est transcrit, signé de l'électeur, sur un registre public. Le dépouillement des votes de chaque collége étant achevé , si la majorité des colléges se prononce pour le rejet de la disposition , il ne lui est plus donné de suite pendant cinq ans , c'est-à-dire pendant la durée du mandat de la nouvelle chambre des députés.

Si la proposition est adoptée par les colléges électoraux , elle est de nouveau présentée à la sanction du roi , et ce n'est que revêtue de cette double sanction qu'elle prend place dans le pacte fondamental. Telle est la marche que la charte et la raison me semblent indiquer, dans toute question qui a pour objet de modifier, en quoi que ce soit, le pacte constitutionnel. J'ai essayé de mettre toute la clarté possible dans l'exposition des moyens que je crois propres à conduire à ce but. Du reste, j'appelle sur cette importante matière les lumières d'une discussion publique.

La révision du pacte fondamental est démontrée possible. J'ai essayé d'indiquer les formes à observer dans cette révision. Mais peut-on espérer que les deux partis qui divisent la France s'entendent jamais sur les matières à reviser ? Ceci se réduit, ce me semble, à une question de majorité. Or, en définitive, qu'est-ce que le gouvernement constitutionnel, sinon le gouvernement de la majorité ? Par majorité, remarquez bien, Monsieur, que je n'entends pas la majorité nationale. J'ai déjà dit pourquoi : j'entends la majorité des électeurs, les électeurs qui forment seuls la nation active, la France politique.

Ces dépositaires de la souveraineté nationale sont bien peu nombreux, et on voudrait les réduire encore. Soixante-quinze mille électeurs représentent trente-deux millions de Français. Il serait inutile de s'arrêter sur cette étrange disproportion, entre les représentants et la masse représentée.

Si du moins ces soixante-quinze mille citoyens actifs tenaient leurs pouvoirs du libre choix de leurs concitoyens! mais non, c'est par leur fortune, c'est par la quotité de leurs impositions directes, que ce droit immense leur est acquis. Ainsi l'a voulu la charte. Il peut bien y avoir là matière à révision! Mais jusqu'à l'époque de cette révision, il ne saurait y avoir matière à discussion. L'observance religieuse de la charte (1), jusqu'à révision ultérieure, tel doit être le principe fondamental de la conduite de tous les citoyens, et par ce mot de citoyens j'en-

(1) Ne pensez-vous pas, Monsieur, qu'il serait bon qu'un ministre parlât la langue de la nation qu'il est appelé à régir? Or je remarque dans la circulaire de votre collègue M. de Labourdonnaye ces mots, « l'observation « de la charte, » au lieu de « l'observance. »

Je ne crois pas que l'observance des bienséances sociales m'interdise cette légère observation, que je soumets du reste, Monsieur, à votre sagacité grammaticale. La grammaire n'est pas chose indifférente, même en politique.

tends désigner aussi les ministres, les pairs et les députés. Les serments du monarque lui imposent à lui-même cette loi, à laquelle nul ne peut ni ne doit se soustraire. Quoi qu'il en soit, il y aurait maintenant divergence dans les vœux de chacun de nos deux grands partis politiques, relativement à une révision de la charte.

Passons rapidement en revue ces vœux trop souvent contradictoires. Il en résultera, je l'espère du moins, une grave conséquence : c'est l'inopportunité d'une révision actuelle de nos institutions, et le devoir imposé à tout Français de les respecter, quels que soient d'ailleurs ses vœux et ses opinions.

Ouvrons la charte. Il n'est pas un de ses articles dont l'un des deux partis ne demandât la modification, dans l'état actuel d'hostilité et de défiance où nous a placés la marche tortueuse et inhabile de presque tous les ministères qui se sont succédé depuis la restauration, sans excepter, Monsieur, celui à la tête duquel le choix du monarque vous a placé.

Le parti monarchique demandera la suppression des trois premiers articles, comme offrant un obstacle à l'exercice de la prérogative de la couronne.

L'égalité devant la loi est aux yeux de ce parti une théorie révolutionnaire.

L'admission égale aux emplois publics choque les idées aristocratiques. L'obligation égale de concourir aux charges de l'état ne saurait être admise par un parti qui désirerait voir renaître les priviléges et les exemptions d'impôt du cler-gé et de la noblesse.

Il en est de même de la liberté individuelle et de la liberté de la presse, contre lesquelles ce parti n'a cessé, depuis la restauration, de diriger d'opiniâtres attaques.

La liberté religieuse est un contre-sens aux yeux de ces hommes, qui font de l'unité catho-lique un dogme religieux, civil et politique.

Que dirons-nous de la sanction des proprié-tés nationales, l'abolition de la confiscation, l'in-terdiction de rechercher les actes et les votes émis jusqu'à la restauration? Toutes ces dispo-sitions conciliatrices ne peuvent convenir au parti qui a proposé en 1815 les catégories et le rétablissement de la confiscation.

Ainsi, sur douze articles dont se compose le titre premier de la charte, intitulé : « Droit pu-blic des Français, » le parti monarchique en rejettera neuf, quand il s'agira d'une révision.

Il ne conservera que les articles 6 et 7, qui déclarent la religion catholique religion de l'état, et qui n'assignent un traitement qu'au culte catholique et aux autres cultes chrétiens ; encore cette dernière partie, relative aux cultes chrétiens, sera-t-elle retranchée, comme effaçant toute distinction entre les hérétiques et schismatiques et les vrais croyants.

L'article 12, abolissant la conscription, sera donc, avec l'article 6, le seul qui n'excitera aucune réclamation.

De son côté, le parti constitutionnel demandera instamment la conservation du titre tout entier, comme contenant véritablement le *bill des droits* de la nation française ; il ne demandera de modification qu'à l'article 6, comme inexécutoire, puisque, la liberté religieuse étant garantie par l'article 5, il pourrait se faire un jour que le roi, les ministres, les pairs et les députés, devinssent protestants ; ce qui ôterait toute acception raisonnable à ces mots :

Art. 6. « La religion catholique, apostolique et romaine, est la religion de l'état. »

Ce sera bien pis si nous abordons les autres titres du pacte fondamental ! A combien de divergences ne donneront pas lieu les titres qui

traitent des formes du gouvernement du roi ,
de la chambre des pairs, de la chambre des députés , des ministres?

Que de questions graves vont s'agiter ! Que
d'orageuses discussions pour et contre l'initiative royale , pour et contre l'initiative des chambres , sur le cens électoral ; sur la pairie , sur la
noblesse ancienne et nouvelle , sur la responsabilité des ministres , sur leur mise en accusation , sur l'impôt !

De bonne foi , les temps sont-ils arrivés de
soulever de telles questions? La restauration ne
s'est-elle pas interposée pour empêcher qu'elles
ne s'agitassent ?

La conciliation d'intérêts si divergents , d'o-
pinions si opposées et si hostiles , est-elle possible aujourd'hui ? L'époque actuelle est-elle
opportune ? Le pouvoir est-il désintéressé dans
la solution de toutes ces questions? Nous-mê-
mes , nous , constitutionnels , mettons la main
sur la conscience , sommes-nous désintéressés ?
Sommes-nous compétents , agités que nous sommes par les passions du moment ? Ah ! laissons
s'apaiser cet orage ! laissons quelques années encore passer sur la restauration , avant de mettre
en question ce que la restauration a décidé, ce

qu'il était dans son droit et dans son devoir de décider.

Il est temps de finir cette première lettre, qui a dû vous paraître bien longue, Monsieur; mais, le système que j'avais à développer étant entièrement nouveau, il m'a été impossible de le présenter d'une manière plus concise. Vous le voyez, Monsieur, nous sommes bien loin de compte. Vous pensez, ou du moins le public vous fait penser, que des changements à la constitution peuvent s'effectuer par ordonnance. La presse constitutionnelle vous conteste ce droit, dont elle fait l'apanage de la puissance législative. Et moi, je vais plus loin que la presse; je conteste ce droit à la puissance législative elle-même, et je le réclame pour la puissance constituante.

Je ne doute pas qu'intérieurement, Monsieur, vous ne soyez d'accord avec moi sur ce premier principe. La dissidence de nos opinions ne commence qu'à la désignation du pouvoir constituant. Vous le placez dans le roi seul. Je ne conteste point au roi cette importante prérogative, mais je ne la concentre pas dans le roi seul.

Je n'invoque point cette souveraineté du peuple , dont le nom seul est un épouvantail pour les rois ; je ne vais point chercher dans la nuit des temps les titres égarés de cette souveraineté populaire. Il n'y a rien dans mes opinions dont puisse s'effrayer le pouvoir. Je fais amplement la part des convenances sociales. J'admets notre constitution politique avec toutes ses conséquences. C'est dans la charte seule que j'ai cherché le pouvoir constituant. J'ai cru le trouver dans les colléges électoraux. Il était de mon devoir de le proclamer ; je l'ai fait.

Maintenant , Monsieur, j'attendrai patiemment la direction que vous imprimerez au nouveau cabinet. Après avoir examiné vos prétentions, je soumettrai vos actes à un examen non moins impartial, non moins consciencieux. J'attendrai, pour vous juger, que des faits ostensibles aient révélé le plan politique que vous vous proposez de suivre. Quelque affligeants que soient certains choix, je ne réduirai pas à une question de personnes une question politique immense, et féconde en conséquences.

Je ne scruterai même point vos intentions et celles de vos collègues.

J'accueillerai le bien , je repousserai le mal , de quelque part que l'un et l'autre nous viennent. Je ferai taire mes affections politiques devant l'intérêt national. M. Mangin lui-même, s'il continue M. de Belleyme, obtiendra le témoignage public de mon approbation.

Amicus Plato, sed magis amica veritas.

J'ai l'honneur d'être, Monsieur, etc....

JUNIUS.